Mill et Hamilton - Le problème de l'existence des corps

PAUL JANET

1869

TABLE DES MATIERES

MILL ET HAMILTON

La Philosophie d'Hamilton, par J. Stuart Mill, traduction du Dr Cazelles, Paris 1869.

Nous n'avons pas à faire connaître aux lecteurs le nom de M. John Stuart Mill. Ce nom depuis longtemps est en possession de la renommée, et compte parmi les plus illustres dans les genres les plus différens. Publiciste, économiste, philosophe, M. Mill a montré partout un esprit ferme et profond, éclairé et hardi. Dans ses livres sur la Liberté et sur le Gouvernement représentatif, il a étudié savamment la question du droit de suffrage, et s'est montré le défenseur énergique et opiniâtre du droit des minorités. Dans son Economie politique, il a appliqué l'analyse la plus fine à la notion de la valeur, et s'est fait le défenseur, chose rare en Angleterre, de la petite propriété. Dans sa Logique, il a relevé le vieux drapeau de la philosophie de l'expérience, et défendu avec les ressources de l'esprit le plus délié les principes si longtemps discrédités de cette philosophie. Une si vaste étendue de connaissances, une si riche aptitude dans des matières si diverses et si difficiles, les qualités les plus brillantes et les plus fortes, assurent à cet écrivain éminent l'un des premiers rangs parmi les penseurs européens.
Considéré comme philosophe, M. Stuart Mill n'est cependant pas un génie créateur, on ne pourrait attacher son nom à quelque doctrine qui lui soit exclusivement propre ; mais, si ses principes ne sont rien de plus que les principes bien connus de la philosophie de Hume, il faut reconnaître que les développemens qu'il leur donne sont nouveaux et témoignent d'une finesse d'analyse qui a été rarement égalée. Le fonds des pensées est un fonds commun ; mais la manière est bien à lui. Il a su appliquer à un grand

nombre de questions particulières les principes de son école ; il excelle surtout à démêler les difficultés qui lui sont opposées, et, comme dialecticien, il a peu de rivaux, je ne sais même s'il a quelque égal dans la philosophie européenne. C'est un esprit d'une indépendance sans limites, aussi éloigné d'ailleurs du parti-pris sectaire que de la servilité doctrinale. Tout attaché qu'il est aux principes qui lui sont chers, il essaie de les rendre conciliables avec le plus grand nombre possible d'opinions et de points de vue. Ce qu'il y a d'admirable en lui, c'est la sincérité ; je ne parle pas de cette sincérité vulgaire qui consiste à ne pas tromper sciemment le lecteur, je parle de cette bonne foi supérieure qui dans la discussion cherche non pas la victoire, mais la vérité, qui ne se propose pas pour objet de discréditer l'adversaire, mais cherche seulement à éclairer les questions. Cette noble impartialité, si rare en France, où les combats philosophiques aussi bien que les combats politiques sont toujours des guerres de parti, est un des principaux charmes des écrits de M. Stuart Mill, et lui mérite la sympathie de ceux qui partagent le moins ses idées. Un tel esprit est surtout intéressant dans la polémique, et lorsqu'il choisit pour adversaire l'un des philosophes les plus célèbres de l'Ecosse, qui lui-même a été un des plus remarquables esprits de son temps, M. Hamilton, un duel de cette nature offre évidemment le plus attachant intérêt. Hamilton, le dernier des Écossais, mort il y a quelques années, est, comme M. Mill, une remarquable et originale personnalité. Comme celui-ci, il n'a pas eu le génie de l'invention ; mais, comme lui, il a bien imprimé son cachet à un certain nombre de doctrines dont il n'était pas l'inventeur. Il n'avait pas la vaste étendue de connaissances de M. Mill ; il n'avait pas associé, ce qui cependant est traditionnel en Angleterre et en Ecosse, les études sociales et politiques aux études philosophiques proprement dites ; il connaissait peu les sciences physiques et naturelles, et n'estimait guère les mathématiques. En revanche, il a sur M. Stuart Mill une grande supériorité au point de vue de l'érudition philosophique. Il a été un des hommes les plus savans de son temps ; nul n'a mieux connu l'histoire des questions philosophiques ; nul n'a mieux démêlé toutes les solutions possibles d'un problème, et, s'il paraît quelquefois accablé sous le poids de son érudition, on ne peut nier que cette science profonde ne lui ait été souvent d'une grande utilité dans la discussion. On sait combien elle a manqué en général aux Écossais, et M. Mill leur reproche avec raison de n'avoir pas bien connu tout ce qui s'était fait avant eux. Peut-être un tel reproche s'appliquerait à M. Mill lui-même, et sa philosophie aurait sans doute eu plus de largeur, s'il eût possédé aussi profondément que M. Hamilton soit la philosophie des anciens, soit la philosophie allemande. Hamilton, comme M. Mill, est surtout un dialecticien ; mais il ne l'est pas de la même manière. Sa principale qualité est la force, celle de M. Mill la finesse et la souplesse. Hamilton ressemble à quelqu'un qui creuse un sillon, M. Mill à quelqu'un qui débrouille un écheveau. Dans la controverse, Hamilton avait la dureté et la laideur du scholar ; M. Mill y apporte davantage l'aisance et la bonne grâce de l'homme du monde. Ici, sa polémique contre Hamilton est singulièrement pressante, et l'on aimerait à savoir ce que celui-ci, qui ne restait pas volontiers à court, eût pu répondre. M. Mill exprime d'ailleurs lui-même ce sentiment avec beaucoup de convenance et de respect pour son éminent adversaire.

Ceux qui connaissent d'une manière générale les doctrines de M. Hamilton et de M. Mill se demanderont peut-être avec quelque étonnement pourquoi celui-ci a consacré une étude critique si étendue et si complète à une philosophie dosât les principes ne paraissent pas tout d'abord trop éloignés des siens. En effet, Hamilton appartient à cette école critique qui considère la connaissance humaine comme relative, qui interdit toute recherche sur la nature des choses et en particulier sur l'infini, l'absolu, le divin, objets de croyance, non de science, qui par conséquent exclut toute métaphysique, toute hypothèse spéculative, qui enfin ne parait guère autre chose qu'une sorte de scepticisme. Or les propositions que nous venons d'énoncer n'ont-elles pas été de tout temps particulièrement chères à la philosophie de l'expérience ? Relativité de la connaissance, exclusion de toute ontologie, réduction de la philosophie à l'idéologie, ces trois principes ne sont-ils pas ou ne paraissent-ils pas appartenir en commun à M. Mill et à M. Hamilton ? Pourquoi donc, lorsqu'on est d'accord sur des points aussi essentiels, consumer tant de temps et tant de travail à se combattre, comme si l'on voulait absolument prouver à la galerie que les philosophes qui paraissent s'entendre le plus ne s'entendent réellement pas ? La vérité est que Mill et Hamilton, malgré l'apparent accord de leurs tendances générales, appartiennent cependant à deux mondes philosophiques différens. L'un descend en droite ligne de Hume, l'autre de Reid, et, quoique entre les mains d'Hamilton la philosophie de Reid se soit gravement transformée, on la reconnaît encore dans ses traits fondamentaux ; si elle s'est modifiée, c'est surtout par l'introduction de quelques élémens germaniques, aussi opposés à l'esprit de Mill que les principes de Reid eux-mêmes. Hamilton fait pressentir la direction d'idées qui signalera la seconde partie du XIXe siècle ; mais il appartient lui-même à la première : en combattant Cousin et Schelling, il relaye comme eux de Reid et de Kant. Avec Reid, il défend ce qu'il appelle les croyances naturelles et les perceptions immédiates, avec Kant les formes pures de la pensée. S'il est sceptique en métaphysique, il a encore cela de commun avec Kant, et ne fait même qu'exagérer une tendance implicitement contenue dans la philosophie écossaise. Jouffroy, le plus fidèle interprète parmi nous de l'esprit écossais, a plus d'une fois trahi des tendances analogues à l'égard des problèmes métaphysiques. M. Stuart Mill au contraire ne se rattache en aucune manière ni à l'école allemande ni à l'école de Reid. Il dérive directement, par son père James Mill, de la philosophie de Hume, de Hartley et de Hobbes. Lui-même nous explique ainsi sa généalogie philosophique, en protestant contre l'exagération avec laquelle on fait de lui généralement, fort à tort, un disciple de Comte, dont il se distingue en ce qu'il fait de la psychologie la base et le centre de toute philosophie. Il est à la fois contre les perceptions immédiates de l'école écossaise et contre les formes a priori de l'école allemande. Son principe unique, c'est le principe de l'association des idées. On croit généralement en France que c'est Reid et Dugald-Stewart qui ont les premiers étudié à fond les lois de l'association des idées. Selon Mill, ils s'en sont à peine occupés, et d'une manière tout empirique. Hobbes et son école au contraire ont fait voir que les lois de l'association des idées pouvaient expliquer tous les phénomènes de l'entendement sans intervention d'aucun élément a priori, ni d'aucune croyance instinctive ou immédiate [1]. C'est ce point de vue que M. Mill défend dans tout son livre contre Hamilton, et comme il voit dans ce principe le fondement de toute la philosophie, il n'est pas étonnant qu'il ait cru devoir consacrer à cette critique un travail complet et approfondi. En ruinant le dernier représentant de la philosophie écossaise, qui lui-même avait déjà beaucoup sacrifié des principes de son école, M. Mill pouvait penser avec raison avoir ouvert un champ libre aux penseurs de l'école nouvelle, et assuré à la philosophie de Hume une revanche définitive.

L'ouvrage de la Philosophie d'Hamilton est considéré par les bons juges comme un des meilleurs, sinon le meilleur des écrits philosophiques de l'auteur. Dans l'ignorance où l'on est encore généralement en France de la langue anglaise, la traduction de cet ouvrage est un service rendu à la science philosophique [2]. M. le Dr Cazelles a fait cette traduction avec beaucoup de soin, et ce qui lui assure une grande autorité, c'est que toutes les feuilles ont passé sous les yeux de l'écrivain anglais. Le traducteur a d'ailleurs fait précéder l'ouvrage d'une introduction bien faite, qui témoigne d'une connaissance éclairée, quoiqu'un peu partiale, de l'état actuel des problèmes philosophiques. Saisissons cette occasion de signaler aux lecteurs français ce monument remarquable de la philosophie anglaise. Il n'entre pas dans notre pensée de nous établir juge et arbitre entre deux penseurs aussi considérables que Mill et Hamilton : un tel rôle dépasserait nos forces. D'un autre côté, les lecteurs de la Revue n'en sont pas à se faire expliquer les deux systèmes, que de remarquables interprètes leur ont fait connaître. Nous voudrions, après avoir sommairement indiqué quelques-uns des points les plus importans de la controverse, nous concentrer sur un problème qui mette clairement en lumière les différences des deux écoles, le problème de la perception externe, d'où dépend, comme chacun sait, la question si controversée de l'existence des choses extérieures.

CHAPITRE I

Tous ceux qui ont connaissance de la philosophie d'Hamilton se souviennent d'un mémorable article publié par celui-ci et intitulé : Cousin-Schelling. Dans ce travail, M. Hamilton, anticipant en quelque sorte sur les objections du positivisme moderne, essayait de couper court aux tentatives ultérieures des métaphysiciens en faisant voir que les deux notions fondamentales de toute métaphysique, l'infini et l'absolu, sont deux notions inconcevables et contradictoires. Il montrait en outre que la prétention de communiquer avec l'absolu, soit immédiatement comme le voudrait Schelling, soit en passant par la conscience, comme le voulait Cousin, était inadmissible et injustifiable. Enfin, renchérissant sur le scepticisme métaphysique de Kant, il reprochait à celui-ci de n'avoir pas définitivement « exorcisé le fantôme de l'absolu. » Il semble que de telles assertions soient de nature à plaire à l'esprit de M. Mill, que l'on est en général disposé à se représenter, ainsi que nos positivistes français, comme très hostile à toutes notions ontologiques et transcendantes. On lira donc avec un curieux étonnement le chapitre où M. Mill poursuit de sa pressante dialectique les propositions précédentes. Sans doute il ne pense pas, avec Schelling ou Cousin, que l'on puisse atteindre par aucune faculté intuitive les réalités transcendantes. Sa philosophie rigoureusement empirique n'admet rien qu'on ne puisse ramener à l'expérience. Il n'en est que plus intéressant de le voir soutenir contre Hamilton que les idées d'infini ou d'absolu ne sont des notions ni contradictoires, ni inconcevables. Il montre que ce qui est contradictoire, c'est l'idée d'un infini abstrait qui serait infiniment toutes choses, à savoir grand et petit, long et court, respectable et méprisable à la fois, qui porterait à l'infini toutes les contradictions, ou d'un absolu qui serait en même temps absolument bon et absolument mauvais, absolument sage et absolument fou. Voilà, suivant M. Mill, ce qui serait contradictoire, et à ce propos il s'exprime avec assez peu de respect pour Hegel, qui a cru nécessaire d'accumuler toutes les contradictions dans son absolu ; mais ce qui n'est pas contradictoire, c'est l'idée d'un être ou d'un attribut conçu soit comme infini, soit comme absolu. Un temps infini, un espace infini, une sagesse absolue, une bonté absolue, n'ont rien de contradictoire, et portent dans notre esprit des idées claires, quoique non adéquates. Nous renvoyons à cette belle discussion, où le secours nous vient d'où nous n'aurions pas osé l'espérer, et où l'auteur nous paraît avoir entièrement raison contre son savant adversaire. Nous ne pouvons également qu'approuver sans réserve la discussion sur la philosophie religieuse d'Hamilton. La prétention de faire accepter par la croyance ce qui a été déclaré inaccessible à la connaissance, de faire passer des mystères, même contradictoires, à la faveur d'un scepticisme préalable, cette prétention de l'école d'Hamilton, trop facilement accueillie par des théologiens aveuglés sur le danger de ces fausses démarches, n'a jamais trouvé un critique plus éclairé et plus solide que ne l'est ici M. Stuart Mill. Cette partie de son livre obtient de notre part une adhésion sans réserve.

Signalons encore une intéressante discussion sur la causalité dans laquelle la critique de l'auteur nous paraît excellente et très solide. Quelque opinion en effet que l'on professe sur le principe de causalité, il sera vrai qu'il ne faut pas le confondre, comme le fait Hamilton, avec le principe de substance, ni réduire, comme le dit très bien M. Mill, la cause efficiente à la cause matérielle. Enfin M. Mill est encore dans le vrai lorsqu'il relève les accusations exagérées et même un peu brutales qu'Hamilton avait dirigées contre l'étude des mathématiques. En un mot, dans toutes ces controverses, M. Mill déploie une extrême sagacité, et il faut reconnaître que, sans donner raison à ses opinions, on est souvent obligé de donner raison à ses critiques. Nous en trouverons encore un remarquable exemple dans la discussion sur la perception extérieure.

On ne saurait être aussi satisfait de quelques autres discussions de l'auteur, en particulier de sa controverse sur la liberté. Nous n'avons jamais pu comprendre comment une école qui n'admet aucun principe absolu, universel, qui insiste souvent sur la nécessité d'admettre même ce que l'on ne comprend point, par exemple l'attraction à distance, peut être aussi opposée à la doctrine du libre arbitre. Nous comprenons. Leibniz, conduit logiquement par son principe métaphysique de la raison suffisante au déterminisme le plus rigoureux : c'est que pour lui les principes métaphysiques sont absolus, nécessaires, sans exception ; mais pour M. Stuart Mill il n'y a pas, il ne peut y avoir de tels principes : un principe n'est vrai qu'autant qu'il est fondé sur les faits et sur l'expérience. Il n'y a donc nulle nécessité a priori pour que la loi de causalité ou de raison suffisante s'applique à la volonté comme aux choses externes. M. Mill va jusqu'à dire que l'on peut concevoir un monde auquel la loi de causalité ne s'appliquerait pas. Dès lors pourquoi n'y aurait-il pas, même dans le monde où nous sommes, un ordre de phénomènes dans lesquels cette loi ne s'applique pas davantage ? C'est, dit-il, l'expérience elle-même qui nous apprend que les actions humaines sont aussi bien soumises que les choses externes à la loi de causalité, soit ; mais une autre expérience semble bien nous apprendre aussi qu'il n'en est pas de même dans tous les cas. On prévoit, dites-vous, les actions humaines ; on ne les prévoit pas toujours. Enfin la liaison si étroite et si évidente de la liberté et de la responsabilité morale ne devrait-elle pas prévaloir, dans une école tout expérimentale, sur un principe d'habitude, qu'une habitude opposée peut rompre et remplacer ? Mais laissons cette discussion, trop grave et trop difficile pour être abordée incidemment, et renfermons-nous dans l'examen du problème que nous avons annoncé, le problème de la réalité des choses externes.

Ce problème paraît au premier abord plus curieux qu'utile, plus propre à amuser les écoles de philosophie qu'à occuper les esprits sérieux. On ne le connaît guère en général que par quelques plaisanteries traditionnelles : Pyrrhon obligé de se faire suivre par ses disciples pour éviter de tomber dans un puits, Diogène marchant pour démontrer le mouvement. Molière, qui a plus d'une fois mis la philosophie en comédie, a popularisé ce paradoxe célèbre dans son Mariage forcé, et l'on sait par quels argumens Sganarelle réfute le Dr Marphurius. Ce n'est pas là cependant, il s'en faut, un problème frivole. Les plus grands philosophes s'en sont occupés. Descartes et Malebranche, malgré leur génie et leurs efforts, n'ont trouvé que d'assez faibles démonstrations de l'existence des corps. Berkeley et Hume, deux des esprits les plus pénétrans du XVIIIe siècle, l'ont niée expressément. On a pu croire que l'école écossaise avait tranché le débat par son appel au sens commun ; mais on a appelé de son appel, et aujourd'hui M. Stuart Mill, avec la nouvelle école anglaise, n'hésite pas à reprendre la thèse de Berkeley et à refuser à la matière toute réalité objective.

L'autorité des noms que nous venons de citer doit faire pressentir que ce problème n'est pas un jeu. Quelques réflexions en feront voir toute la portée. C'est le rôle de la science humaine de démêler dans nos sensations des lois générales et universelles, indépendantes de ces sensations mêmes. Que fait par exemple la physique ? L'un dit : Il fait chaud dans cette chambre, l'autre dit : Il fait froid. Le physicien arrive avec son thermomètre ; il les met d'accord en déterminant d'après des lois fixes le degré précis de la température. La température objective est donc indépendante de la sensation individuelle, et la science ne fait que traverser l'une pour arriver à l'autre. Ainsi va le physicien de la sensation de lumière à la lumière objective, dont il détermine les lois géométriques, ainsi de la commotion ou de l'éclair électrique aux lois des courans ou des aimans. En un mot, la sensation n'est qu'un signe dont le savant se sert pour découvrir les lois qui régissent la nature. La science cherche donc partout à substituer l'objectif au subjectif. Qui nous assure cependant que ces lois elles-mêmes ne sont pas encore des sensations généralisées ? Qui nous assure que tout ce monde du dehors est autre chose que le monde abstrait de nos représentations ? Qui nous assure que ce n'est pas en nous-mêmes que nous voyons le ciel astronomique, les lois de l'optique et de l'acoustique, enfin toute la législation de la nature ? Le même besoin qui nous a fait passer des sensations individuelles aux lois générales nous porte plus loin, et nous force à nous demander si cette objectivité des lois générales de la nature a pour fondement une réelle extériorité. Il semble que la vérité de la science soit suspendue à ce problème, car nous ne pouvons guère nous représenter le vrai que comme quelque chose qui continue de subsister avant et après la représentation que nous en avons.

Tel est le fond du débat qui s'agite ici entre Mill et Hamilton ; mais, pour le bien comprendre, il faut se souvenir de la théorie de la perception extérieure donnée par l'école écossaise. Préoccupé des conséquences sceptiques que David Hume, après Berkeley, avait tirées des principes de Locke, et désireux de restaurer la certitude de la croyance aux réalités extérieures, de réconcilier sur ce point la philosophie avec le sens commun, le docteur Reid avait cru trouver dans ce qu'il appelait la théorie des idées représentatives l'origine du scepticisme qu'il combattait. C'était, pensait-il, pour avoir cru qu'entre notre esprit et les choses il y a un intermédiaire, à savoir l'idée, que l'on avait été entraîné à nier l'existence de l'objet. Il est très vrai en effet que, si l'objet de notre perception est non pas le corps lui-même, mais l'image de ce corps, nous n'avons aucun moyen de nous assurer de la fidélité de cette image, ni même de la réalité de l'objet qu'elle représente. Celui qui n'aurait entre les mains qu'un tableau représentant la figure d'un homme ne saurait pas si cette figure ressemble à l'original, ni même s'il y a un original. Parvient-on à prouver au contraire qu'il n'y a point de telles images, que l'objet de notre perception est le corps lui-même et non la représentation du corps, on aura coupé court par là même à toute l'argumentation sceptique. Les Écossais se sont donc appliqués avec un grand soin à réfuter la théorie représentative, et à établir la perception directe et sans intermédiaire des objets matériels. Cette perception une fois établie, la réalité des corps ne faisait plus de doute, car elle était donnée immédiatement aussi bien que le moi lui-même et au même titre dans un acte premier et indivisible d'appréhension immédiate. On ne pouvait pas plus nier la réalité que la perception elle-même, et la philosophie se trouvait sur ce point entièrement d'accord avec le sens commun.

Nul philosophe écossais n'a soutenu plus énergiquement qu'Hamilton la doctrine de la perception directe. Il y est aussi fidèle, plus fidèle que Reid lui-même. Il distingue je ne sais combien de manières d'entendre la théorie représentative, et il les déclare toutes aussi fausses les unes que les autres ; rien de plus intéressant que son article Reid-Brown pour apprendre de combien de manières on peut se tromper, selon lui, sur la question de la perception externe. Il admettait donc comme une vérité évidente que « le fait primitif de conscience donne une dualité primitive, une connaissance du moi en opposition et en rapport avec le non-moi... Le moi et le non-moi sont donnés dans une synthèse originelle ;... nous avons la conscience du moi et du non-moi dans un acte indivisible. » C'est donc directement, immédiatement, primitivement, que le non-moi, c'est-à-dire le corps, nous est donné dans un acte de conscience. Il n'y a là nul raisonnement, nulle induction, nul acte de la raison discursive. Tout est intuitif : c'est un acte premier de perception. De là la croyance irrésistible de tous les hommes à la réalité des choses extérieures, croyance qui ne peut être ni démentie, ni démontrée.

M. Stuart Mill au contraire pense que la croyance au monde extérieur n'est pas un fait primitif, que c'est, comme il s'exprime, une inférence, c'est-à-dire une induction, une conclusion précédée d'expérience : c'est un fait qui s'explique, comme tous les autres, par l'association des sensations. Le non-moi n'est pas une donnée implicitement contenue avec le moi dans une synthèse originelle ; c'est une véritable acquisition de l'éducation et de l'expérience. La croyance naturelle et universelle des hommes n'est qu'un acte d'habitude que l'analyse peut ramener à ses élémens. Suivant M. Mill, Hamilton n'est nullement autorisé à soutenir la doctrine de la perception directe de la matière, lui qui enseigne comme principe fondamental de la philosophie que toute connaissance est essentiellement relative. Il y a une contradiction manifeste entre ces deux doctrines. Comment soutenir en effet que nous connaissons directement les choses extérieures, ou tout au moins telles ou telles qualités de ces choses, par exemple celles qu'on appelle qualités premières (étendue, figure, mouvement), sans reconnaître, ce que fait expressément Hamilton, que nous les connaissons telles qu'elles sont ? Or, si nous les connaissons telles qu'elles sont, pourquoi dire que cette connaissance est relative et non absolue ? Si au contraire la connaissance que nous en avons n'est que relative, c'est que nous ne connaissons de ces qualités que le rapport qu'elles ont avec nous ; nous les connaissons donc non pas telles qu'elles sont en soi, mais telles qu'elles nous apparaissent : dès lors dans quel sens pourrait-on dire que nous en avons une perception directe et intuitive ? Il est impossible de contester la force de ce dilemme, et Hamilton, ici comme dans toute ses doctrines, se débat entre les deux tendances dont s'est formée sa philosophie, d'une part la philosophie du sens commun, des croyances naturelles, qui lui vient de Reid, de l'autre la philosophie critique, qui lui vient de Kant. Il faut choisir entre ces deux propositions : « toute connaissance est relative, » et : « la perception des corps, du non-moi, de la matière, est une perception directe, immédiate, intuitive. »

Reid lui-même, auquel on ne peut pas sans doute imputer la même contradiction, ne paraît pas avoir jamais vu bien clair dans ses propres idées lorsqu'il parlait d'une perception directe de la matière. Au fond, il n'entendait guère par là autre chose qu'une croyance irrésistible, suggérée par la nature à l'occasion de certaines modifications affectives du moi. Or personne ne peut confondre une croyance, une suggestion, comme il s'exprime souvent, et une perception directe ; il y a là une différence radicale, ou il n'y a plus de langue psychologique. Bien plus, dans un passage capital cité par M. Mill, Reid compare la perception des sens au témoignage des hommes et ne voit dans nos sensations que des signes qui nous suggèrent l'idée des choses extérieures, et. que nous interprétons spontanément, immédiatement, comme nous interprétons les signes du langage. Il y a bien là sans doute, suivant lui, un principe naturel de notre constitution ; mais l'interprétation d'un signe, si naturelle, si spontanée qu'on la suppose, ne peut à aucun titre être appelée une perception immédiate. Reid a-t-il ou n'a-t-il pas plus tard modifié, rétracté cette curieuse théorie ? C'est un débat historique inutile à entamer ici ; ce qui est certain, c'est que lorsqu'il combattait le plus énergiquement la doctrine des idées-images, il n'a jamais entendu par perception qu'une croyance et non une intuition. La doctrine de la perception directe est vraie sans doute, mais seulement d'une vérité négative, en tant qu'elle nie tout intermédiaire entre l'objet et le sujet, entre la chose perçue et l'acte de la perception, Ainsi les espèces d'Épicure ou les idées de Malebranche doivent disparaître d'une saine psychologie. Elle est encore vraie en ce sens que nos perceptions ne sont pas des images, des représentations, des portraits de la chose perçue, qu'elles sont simplement des états de notre esprit, lesquels ne peuvent avoir aucune ressemblance avec les choses extérieures. On a donc eu raison de rejeter les idées représentatives dans tous les sens. Si l'on ne donne à la théorie de la perception directe que cette signification toute négative, on a cent fois raison, et M. Mill ne la repousserait certainement pas, ainsi entendue ; mais, dans un sens positif, cette théorie est insoutenable. Que percevons-nous directement de la matière ? Est-ce la substance ? Mais tous les philosophes sont d'accord pour nier qu'on puisse percevoir directement une substance autre que la nôtre. Sont-ce les qualités ? Mais lesquelles ? On en distingue de deux sortes : les secondes et les premières. Or, pour les qualités secondes (odeur, chaleur, couleur, son), tous les philosophes, même les écossais, accordent qu'elles ne sont autre chose que nos propres sensations, qui nous suggèrent la croyance à des causes inconnues. Quant aux qualités premières, il n'y en a que deux : solidité et étendue. Or la solidité ne nous est connue que par la résistance, c'est-à-dire par une sensation analogue à celle que nous donnent les qualités secondes. Reste l'étendue ; mais l'étendue nous est si peu connue immédiatement que nous ne la saisissons jamais que par l'intermédiaire de la couleur et de la résistance, et Reid lui-même, par une analyse très fine, nous montre qu'aucun sens ne peut nous la donner, et qu'elle n'est encore qu'une suggestion de notre esprit, provoquée par les sensations concomitantes.

Pour ces raisons, nous inclinons à croire avec M. Mill que la croyance à la matière est non une perception, mais une induction, et nous ajoutons avec lui que ce n'est pas une induction immédiate, un acte de foi spontané et instinctif, c'est-à-dire sans motifs comme sans doutes. C'est une induction semblable à toutes les autres, fondée sur l'observation et la comparaison des faits, confirmée par l'expérience, fortifiée par l'habitude. Jusque-là nous sommes d'accord avec le savant critique ; nous cessons de nous entendre avec lui quand il s'agit d'expliquer en quoi consiste cette induction, car la manière dont il l'explique conduit à nier la réalité des choses externes, et, selon nous, cette réalité est au contraire la conclusion très légitime de notre induction.

La théorie de M. Stuart Mill est l'effort le plus ingénieux qui ait été fait pour expliquer la croyance à l'existence du monde matériel sans admettre rien autre chose que les états de notre esprit. Comme Berkeley, comme Hume,

M. Mill n'admet aucunement l'existence d'un objet extérieur, existant en soi et pour soi, indépendamment de la sensation que nous en avons : il n'admet donc pas la réalité de la matière. Les corps ne sont pour lui, comme pour tous les idéalistes, que l'ensemble de nos sensations : ce ne sont que des groupes de sensations. S'il en est ainsi, comment arrivons-nous cependant à distinguer les objets matériels de nos sensations propres, comment nous les représentons-nous comme persistant en dehors de nous, comme s'imposant à tous les hommes aussi bien qu'à nous-mêmes, se distinguant d'eux aussi bien que de nous. Un monument, par exemple, est perçu par les autres hommes aussi bien que par moi. C'est donc, à ce qu'il semble, un seul et même objet, indépendant de la sensibilité de chacun. Pour tous les hommes, une maison est une maison, un arbre est un arbre. De plus comment les objets sont-ils considérés par nous comme continuant d'exister lorsque nous ne sommes plus là pour les percevoir ? Une ville ne disparaît pas du monde par cela seul que je la quitte. Dans l'hypothèse idéaliste, cesser d'être perçu, ce serait cesser d'être. Enfin comment de tels objets nous apparaissent-ils comme extérieurs, comme projetés au dehors par notre perception ?

M. Stuart Mill croit que toutes ces difficultés s'expliquent par les lois de l'association des idées. C'est une des lois les plus remarquables et peut-être la loi unique de ce phénomène, que toutes les sensations qui ont paru ensemble ou successivement tendent à se reproduire ensemble à notre esprit ; plus la répétition de ces connexions sera fréquente, plus la liaison deviendra forte et indissoluble, de telle sorte que, l'une de ces sensations étant donnée, nous attendons d'une manière irrésistible toutes les autres. Or un corps est un groupe de sensations toujours liées ensemble dans un ordre fixe. Dans un arbre, nous voyons toujours des racines, un tronc, des branches, des feuilles ; toutes ces sensations étant une fois liées ensemble par l'habitude, nous ne pouvons nous représenter l'une de ces circonstances sans nous représenter en même temps toutes les autres. Nous croyons donc invinciblement que, si nous nous mettons en présence d'une de ces circonstances, toutes les autres se reproduiront également à notre esprit. Ainsi nous savons que, si nous allons dans telle ville, tous les monumens que nous y avons vus (sauf telle circonstance imprévue) se représenteront à nous. Or ces groupes fixes de sensations sont indépendans, dans leur ensemble, de toute sensation particulière. Que j'aie chaud ou froid, que je sois jeune ou vieux, triste ou gai, Notre-Dame m'apparaîtra toujours de la même manière. J'arrive donc à distinguer d'un côté mes états fugitifs de sensation qui passent sans se lier ensemble d'une manière nécessaire, de l'autre ces groupes permanens que je peux toujours faire apparaître à ma conscience en me plaçant dans les circonstances qui les provoquent. Ainsi se produit en moi l'idée d'un objet distinct de moi-même, et, comme les autres hommes en font autant de leur côté, nous nous habituons tous en même temps à extérioriser ce qu'il y a de fixe et de commun dans toutes nos sensations, et à séparer de notre conscience comme des choses réelles de pures possibilités. M. Mill explique encore très ingénieusement comment, dans ces groupes de sensations, les unes étant plus fixes que les autres et demeurant quand les autres passent, les premières doivent naturellement paraître comme le substratum des secondes : de là le concept de substance ; comment en outre l'apparition de tel ou tel de ces groupes, par exemple du soleil, amenant toujours la production de tel ou tel phénomène, nous semble douée d'un pouvoir ou d'une force capable d'action : de là la notion de cause. Tout s'explique ainsi sans aucune intuition directe d'une matière qui n'existe pas ; sans dire tout à fait avec Berkeley que ce sont les philosophes qui ont inventé la matière, M. Mill pense que la croyance vulgaire ne contient rien de plus que ce que nous venons de dire. Il fait du reste remarquer avec raison que l'argument pratique par lequel on réfute de temps immémorial ce genre d'explication n'a aucune valeur. Diogène prouvant le mouvement en marchant, Sganarelle argumentant contre Marphurius avec un bâton, font l'un et l'autre un cercle vicieux.

Nous accordons volontiers que ce n'est point par cette sorte d'argument que la théorie peut être entamée ; mais elle est exposée à bien d'autres objections. On pourrait faire observer d'abord qu'il y a tel groupe de sensations liées ensemble d'une manière aussi rigoureuse que le sont nos sensations externes, et dont nous attendons avec autant de certitude le retour dans tel cas donné sans cependant pour cela les objectiver et en faire une chose extérieure à nous. Nos passions, par exemple, ont des lois de développement à peu près aussi étroites que celles qui s'imposent à nos perceptions : la chaîne des phénomènes, crainte, désir, espoir, se présente suivant des relations à peu près aussi infaillibles ; l'amant sait d'avance toutes les émotions qu'il éprouvera auprès de sa maîtresse, le joueur devant la table de jeu. Ni l'un ni l'autre ne fait cependant de sa passion un objet externe, et, si l'on objecte que les phénomènes de la passion varient sans cesse, on peut répondre qu'il en est de même de ceux de la perception ; on a dit avec raison que nous ne voyons jamais deux fois le même objet. On pourrait demander encore comment il se fait qu'il se forme ainsi des groupes de sensations se reproduisant toujours et pour tous les hommes d'une manière sensiblement identique ; n'y a-t-il pas quelque raison qui détermine la formation de ces groupes, et cette raison, qui ramène toujours et pour tous des combinaisons semblables, ne serait-elle pas précisément ce que nous appelons la réalité extérieure ?

Signalons encore une étrange conséquence de la théorie de M. Mill et de tout idéalisme : c'est que l'univers a commencé avec l'esprit humain, qu'avant le premier homme, ou, si l'on veut, le premier animal, rien, absolument rien, n'a existé. Il faut reconnaître que ce serait là une singulière découverte de la philosophie positive, si tant est que la doctrine de M. Stuart Mill puisse être appelée positiviste. Ce ne serait guère la peine d'avoir tant protesté contre les systèmes de métaphysique pour aboutir à l'un des systèmes les plus hasardeux et les plus extraordinaires.

Il est de toute évidence en effet que, si l'univers n'est que l'ensemble de nos représentations, il n'a pu exister d'aucune façon avant d'être représenté dans une conscience. Cependant la science nous apprend que l'homme, si haut que l'on fasse remonter son antiquité, n'est apparu qu'à un certain moment de l'histoire de notre globe. Supposons avant lui, si l'on veut, des animaux qui pouvaient avoir certaines sensations, et pour lesquels le monde existait tel que le leur représentaient leurs sensations. Toujours est-il qu'il fut un temps où aucun être sentant n'existait sur la terre, et où par conséquent rien n'existait. Or la science remonte plus haut que l'existence des êtres pensans et sentans ; elle nous représente avant eux toute une évolution de phénomènes liés ensemble d'une manière nécessaire. Dans l'hypothèse de M. Mill, ce monde antérieur à toute sensation ne serait autre chose que l'éventualité des sensations que nous eussions éprouvées, si nous eussions assisté à ce spectacle purement possible. C'est pousser bien loin la confusion du possible et du réel, car si l'on peut, à la rigueur, accorder une apparence d'existence aux choses qui nous entourent, en ce sens que nous pouvons toujours nous mettre nous-mêmes dans les conditions où ces choses nous apparaîtraient, il est absolument contradictoire que nous, ou personne de nos semblables, puissions rebrousser le cours du temps. La supposition que nous aurions pu assister aux diverses révolutions du globe avant l'apparition du premier homme est une éventualité purement fictive et rigoureusement impossible. Autant supposer que nous assistons aux poèmes d'Homère et de Virgile, et qu'ainsi nous devrions prêter à ces légendes le même degré de réalité qu'au monde antédiluvien.

Ajoutons encore que, s'il est vrai que l'argument tiré de la croyance naturelle ne doit être invoqué qu'à la dernière extrémité, et même point du tout, s'il est possible, on accordera néanmoins que, toutes choses égales d'ailleurs, plus l'explication sera d'accord avec la croyance naturelle des hommes, plus on sera près d'avoir résolu le problème. Or, à tort ou à raison, il est certain que, lorsque je pense à un objet absent, je me le représente non-seulement comme possible, mais comme réel ; je crois que, lorsque je ferme la porte de ma chambre, mes meubles restent véritablement à leur place, non dans le sens raffiné que suppose ici M. Mill, mais dans un sens grossier et littéral. Cet élément de la croyance est indubitable, et nous n'avons le droit de passer outre que s'il nous est absolument impossible de faire autrement. Au lieu donc de nous borner à une réfutation dont nous avons esquissé les lignes principales, essayons si l'on ne pourrait pas, — sans faire aucun appel aux perceptions intuitives et aux suggestions immédiates des Écossais, mais en s'appuyant sur les principes seuls de M. Mill et en ne faisant usage que de sa méthode, — donner une explication plus conforme aux faits, et qui satisfasse à la fois la science et la conscience.

CHAPITRE II

Il y a ici un fait intermédiaire dont il nous semble qu'on n'a pas assez tiré parti en philosophie, et qui peut jeter quelques lumières sur cette difficile question. C'est le fait de la croyance à l'intelligence de nos semblables. Il est très remarquable que le scepticisme, aussi bien que le dogmatisme, ne se soit jamais expliqué sur cette question. Le pyrrhonisme antique, qui mettait tout en question, ne paraît pas avoir jamais expressément nié l'intelligence des autres hommes, et même l'un de ses argumens favoris, la contradiction des opinions humaines, impliquait évidemment l'existence d'autres esprits que le moi. Descartes également, lorsque par son doute universel il ôtait de son esprit toutes ses anciennes opinions, ne nous apprend pas si cette proscription s'étend jusqu'à la croyance à l'existence de nos semblables, et lorsqu'il rétablit la certitude sur la base du fameux : je pense, donc je suis, il ne nous dit pas si cet argument vaut également à ses yeux pour l'existence des autres hommes. Kant, dans sa Critique de la raison pure, soutient la subjectivité de la connaissance ; mais il n'entend évidemment par là qu'une subjectivité commune à toute raison humaine en général. Il admet donc l'intelligence des autres hommes, et par là même une certaine objectivité, car l'intelligence des autres hommes est en dehors de ma conscience, et elle est par conséquent pour moi quelque chose d'objectif.

Ainsi aucun philosophe connu n'a jamais poussé l'idéalisme jusqu'au point de considérer la pensée des autres hommes comme les modes de son propre esprit. M. Stuart Mill en particulier, au lieu de prêter les mains à une extension aussi hyperbolique de ses principes, la repousse expressément, et montre qu'elle n'y est nullement contenue. Il explique même comment nous arrivons à croire à l'intelligence de nos semblables. C'est, suivant lui, une inférence qui se conclut rigoureusement et certainement d'un enchaînement de signes ou phénomènes, lesquels, étant les mêmes que ceux par lesquels nous exprimons nos propres pensées, nous autorisent et même nous contraignent à les rapporter à des faits semblables à ceux qui les accompagnent toujours en nous, à savoir des pensées. — Mais, ajoute M. Mill, rien de semblable n'est possible pour l'existence de la matière, que nous ne pouvons ramener à des états de conscience semblables aux nôtres. A nos yeux au contraire, l'induction par laquelle nous arrivons à l'affirmation du monde extérieur est essentiellement du même ordre que l'induction précédente. Elle se fonde sur des circonstances tout à fait semblables, et se présente à nous avec la même autorité.

Empruntons encore ici à M. Stuart Mill les prémisses de notre raisonnement. — Nous avons, dit-il, conscience du mouvement de nos organes. Bien entendu, cette conscience n'implique primitivement ni l'idée de matière, ni l'idée d'organe, car ce serait supposer ce qui est en question ; mais il y a en nous une sensation spéciale que plus tard nous rapportons au mouvement de nos organes quand nous en avons reconnu l'existence : cette sensation est la sensation musculaire. Or il y a deux sortes de mouvemens, le mouvement libre et le mouvement empêché. Supposons qu'un mouvement que nous avons jusqu'ici exécuté librement soit subitement empêché ; supposons que cette double expérience du mouvement libre et du mouvement empêché soit répétée assez souvent pour que l'esprit arrive à en remarquer la différence. Déjà on pourrait trouver dans le mouvement arrêté une suffisante raison d'admettre une réalité externe, car si ce mouvement, libre tout à l'heure, est tout à coup empêché, il faut bien qu'il y ait quelque raison à cela. Or, comme nous n'avons nulle conscience d'être nous-mêmes la cause qui arrêterait le mouvement, cette cause nous apparaît par là même comme distincte de nous. Ainsi la distinction du moi et du non-moi serait déjà donnée, sinon dans une perception directe, au moins dans une induction primitive, très rapide et très simple, ressemblant par là même à une suggestion immédiate.

Nous croyons bien que c'est ainsi que se forme tout d'abord la croyance à la réalité extérieure ; mais, pour justifier et confirmer cette croyance, nous devons avoir recours à une analyse plus approfondie. Lorsqu'un mouvement jusque-là libre est subitement arrêté, nous savons que la volonté est déterminée par cet obstacle à réagir contre lui : elle rassemble toutes ses forces pour le vaincre, elle se tend en quelque sorte contre lui ; c'est ce qu'on appelle l'effort, et c'est là, suivant tous les philosophes et tous les physiciens, qu'est le type primitif de ce que nous appelons la force. Je n'examine pas si le sentiment de l'effort volontaire doit être confondu ou non avec la sensation musculaire ; M. Mill le croit, Ampère et Maine de Biran soutiennent le contraire. Il nous suffit qu'il y ait ici un phénomène précis et caractérisé correspondant au mouvement empêché. Ainsi, tandis que du dehors nous éprouvons une sensation que nous appelons sensation de résistance, nous éprouvons conjointement et inséparablement un sentiment intérieur qui est le sentiment de l'effort.

Supposons maintenant que l'obstacle qui arrête notre mouvement soit tel ou tel de nos semblables, ou, pour parler avec M. Mill, supposons que la sensation de résistance se trouve liée à cet ensemble de sensations que nous appelons le corps d'un de nos semblables, que nous ayons à lutter contre un d'eux : le sentiment de l'effort s'éveille en nous et se manifeste extérieurement par certains signes sensibles, tels que contraction de membres, coloration du visage, mouvemens rapides et brusques. C'est ainsi que se traduit de notre part cet effort interne par lequel nous essayons de vaincre l'obstacle opposé. Or nous voyons tous les mêmes phénomènes s'accomplir chez notre adversaire ; nous voyons ses muscles se gonfler, ses membres se contracter ou s'étendre, son visage se colorer, ses yeux lancer des éclairs, et nous remarquons que d'ordinaire plus ces signes sont énergiques, plus la résistance est forte, plus nous avons de peine à vaincre l'obstacle au mouvement. De ces signes extérieurs si semblables aux nôtres propres, ne devons-nous pas conclure à l'identité d'un certain état psychologique ? et de même que de la parole nous concluons à l'existence d'une pensée, d'une intelligence, d'un esprit, de même de ces signes extérieurs ne devons-nous pas conclure aussi légitimement à l'existence d'un effort, d'une activité, d'une force ?

Signalons ici une circonstance importante. Pour conclure avec certitude à l'existence d'un certain effort chez nos semblables, il nous faut d'abord des signes visibles et saillans, lesquels signes sont principalement des mouvemens : mouvemens de physionomie, mouvemens des membres, tension ou contraction des muscles, tels sont, avons-nous dit, les signes extérieurs ordinairement certains de l'effort interne [3] ; mais l'expérience nous apprend bientôt que ces signes ne sont que les phénomènes précurseurs de la lutte. Lorsque les deux lutteurs, si vous les supposez de même force, sont arrivés à l'équilibre, tout devient immobile ; les membres se joignent et s'opposent sans qu'aucun mouvement apparent vienne trahir l'intensité de l'activité déployée. Cependant chacun d'eux a conscience de son état intérieur, et, se voyant empêché dans son mouvement, continue à supposer un état interne semblable chez son adversaire, quoique cet état ne se manifeste plus par aucun signe particulier et soit simplement lié à un arrêt de mouvement. Il en est de même, et à plus forte raison, si l'adversaire est trop fort pour nous ; nous sentons que son corps ne s'oppose à notre mouvement que par sa masse immobile, sans avoir besoin en apparence d'aucun effort. Cependant, comme on ne passe que par degrés de l'état de résistance active à l'état de résistance inerte, on doit considérer ce dernier état non comme la suspension de tout effort, mais comme un minimum d'énergie active, laquelle, étant très supérieure à celle de l'adversaire, n'a plus besoin de se manifester par aucun mouvement. Cette inertie n'est qu'apparente, et n'est que le moindre degré possible de l'effort actif. Comme les autres hommes arrêtent nos mouvemens, nous arrêtons les leurs ; comme ils nous résistent, nous leur résistons ; tout ce qui se passe dans notre corps, nous le voyons se passer dans le leur, et réciproquement. Si une induction est légitime, c'est celle qui nous autorise à leur prêter le même phénomène interne qu'à nous-mêmes, à savoir l'effort musculaire. Puisque d'un commun accord c'est de là que se tire l'idée de la force, disons que les autres hommes sont des forces aussi bien que nous-mêmes. Ce que nous disons des hommes, nous avons également le droit de le dire des animaux. Voici donc au moins toute une partie du inonde extérieur dont l'existence est mise hors de doute : c'est le règne animal tout entier, l'homme compris.

Voici maintenant le point essentiel de notre déduction : c'est que les objets extérieurs que nous appelons corps exercent sur nous exactement la même action que les êtres animés, considérés en tant que forces. Par exemple, nous savons très bien que, si nous soulevons un poids trop lourd pour nous, ce poids nous entraîne exactement comme ferait une main d'homme ou une patte d'animal. Si une masse très lourde tombe sur nous, elle nous frappe comme ferait un coup lancé par un ennemi, ou nous opprime comme ferait un lutteur qui nous aurait jetés à bas. Si nous essayons de franchir un obstacle, un mur par exemple ou une porte, nous nous sentons arrêtés comme nous le serions devant une ligne de soldats serrés l'un contre l'autre, et présentant eux-mêmes sans métaphore un véritable mur à l'ennemi. En un mot, nous remarquons que la matière est capable de tous les modes d'action que nous attribuons à la force dans les autres hommes, et dont nous trouvons en nous-mêmes le type dans l'effort musculaire : tension, traction, pression, choc. Ne devons-nons pas conclure par analogie qu'il y a dans la matière quelque chose de semblable à ce que nous avons affirmé avec certitude chez nos semblables ? Un homme lutte avec nous dans l'obscurité ; pendant la lutte, il se dérobe, et met à sa place un mannequin contre lequel, sans le savoir, nous continuons à lutter : ce mannequin, qui nous oppose absolument la même résistance que l'homme réel, n'a-t-il pas évidemment la même réalité que celui-ci ? Les mêmes effets ne prouvent-ils pas une même cause ? Une lutte commencée contre un agent réel pourrait-elle se poursuivre contre une ombre ? Voici un geôlier qui m'empêche de passer : c'est un être réel ; il ferme la porte : dira-t-on qu'il n'y a plus rien, et que je ne suis plus prisonnier que de mes propres sensations ?

Que l'on ne m'objecte pas que je fais un cercle vicieux, que les autres hommes n'opposent une résistance que par leurs corps, que, comme corps, ils ne sont pas plus réels que les autres corps. Il n'a été nullement question jusqu'ici des corps de mes semblables, il n'a été question que de l'effort interne et de l'état psychologique que nous avons supposé chez eux comme chez nous-mêmes, en raison de signes identiques et par l'induction la plus autorisée. Voilà la réalité des autres hommes ; mais la réalité des autres corps s'ensuit à son tour, comme nous venons de le voir, en raison des actions identiques exercées sur nous par les uns comme par les autres.

On voudra bien remarquer que, dans la déduction précédente, nous n'avons fait aucunement intervenir l'idée d'un substratum métaphysique appelé matière, d'une entité cachée derrière des apparences phénoménales, et qui en constituerait le fond. C'est surtout contre cette entité métaphysique que Berkeley, Hume et M. Stuart Mill se sont élevés. La question de la réalité de la substance est très différente de celle de la réalité des corps. C'est une question de savoir s'il peut y avoir des phénomènes sans substance ; mais cette question ne fait rien ici. Il suffit que nous soyons autorisés à admettre en dehors de nous des phénomènes d'activité différens de nos propres sensations. Or c'est là ce que nous avons essayé d'établir sans aucun principe a priori, sans aucun appel au sens commun et aux croyances naturelles, mais par l'induction et l'analogie. En conséquence, les corps sont pour nous un ensemble d'actions plus ou moins semblables à celles que nous exerçons nous-mêmes dans l'effort musculaire ; en un mot, ce sont des forces.

La vraie difficulté de cette démonstration, c'est que nous paraissons supposer dans les corps un état psychologique analogue au nôtre. Partis de l'effort volontaire, comme du premier type de la force, nous serions donc obligés de considérer les corps comme doués de raison et de volonté ; nous devrions les imaginer comme animés par des esprits : ils auraient de petites âmes, et nous tomberions dans une sorte de mysticisme à la Paracelse. Une application bien entendue de la méthode expérimentale exclut ces conséquences exagérées. Lors même qu'on ramènerait les corps à des phénomènes plus ou moins semblables à des états de conscience, on ne serait pas obligé par là de leur prêter le moins du monde l'intelligence et la volonté. L'intelligence en effet se manifeste par des signes certains auxquels nous ne nous trompons pas, et en particulier par ce signe décisif d'entrer en communication avec notre propre intelligence soit par le langage, soit par des signes analogues. Pour ce qui est de l'effort volontaire, nous reconnaissons qu'il est tel parce qu'il se modifie, se varie, se prolonge, se suspend suivant le nôtre propre. Lorsque nous voyons dans la lutte l'œil d'un homme suivre le nôtre, ses mouvemens changer suivant le besoin, son corps se plier, se relever, se retirer, se diriger à droite ou à gauche pour parer nos attaques, pour les devancer, pour les surprendre, à tous ces signes nous reconnaissons la volonté. Rien de semblable dans les corps bruts : ils ne nous opposent qu'un arrêt de mouvement sans savoir varier leur opposition à notre action. Si un corps nous fait obstacle, nous passons à côté ; il ne se dérange pas pour s'opposer de nouveau à nous. Si nous le renversons, il ne se relèvera pas pour prendre sa revanche. Nous avons besoin avec lui non de ruse, mais de force. Le corps n'a donc pas d'intelligence ni de volonté. Il nous ressemble en ce qu'il nous oppose une certaine action ; il diffère de nous en ce que cette action n'est pas gouvernée par la réflexion et le calcul ; de même il est évident que les corps ne manifestent aucun des phénomènes par lesquels se trahissent les principaux faits de la sensibilité affective, le plaisir et la douleur, la passion, l'amour ou la haine. — Soit, dira-t-on ; mais au moins ce que vous appelez effort est-il autre chose qu'un état de conscience ? Si de l'effort musculaire vous retranchez la sensation qui l'accompagne, que reste-t-il ? Constituer les corps par le phénomène de l'effort, c'est toujours, quoi qu'on veuille, idéaliser, spiritualiser les corps, leur prêter un moi, une conscience, ce qui n'est guère moins contraire au sens commun que de les supprimer.

Il est certain que l'effort nous est donné dans un état de conscience que nous ne pouvons guère en séparer ; cependant il n'est peut-être pas impossible de les démêler l'un de l'autre par l'abstraction. Nous voyons en effet que la grandeur de l'effort n'est pas proportionnée à la conscience que nous en avons, et au contraire il arrive souvent que ces deux faits sont en raison inverse l'un de l'autre. Reprenons notre exemple des lutteurs. Au commencement, mon effort est d'abord faible ; je l'économise pour ménager mes forces ; je n'en ai pas moins une conscience très nette et très vive de cet effort. Je le calcule, je le mesure, j'en discerne avec précision tous les degrés ; mais à mesure que le combat se prolonge, ce gouvernement de moi-même va en diminuant. Je n'en ai plus le sentiment net ; la passion l'emporte, et alors toute l'intensité de l'effort se déploie, et au dernier terme de la lutte je donne un maximum d'effort avec une conscience de plus en plus obscurcie. Or rien n'empêche de concevoir que l'effort puisse continuer dans un complet évanouissement du sens intime, car, puisqu'il a grandi jusque-là pendant que la conscience allait diminuer, pourquoi, au terme de cette décroissance, l'action de la conscience ne serait-elle pas équivalente à zéro ? Ce n'est pas à dire sans doute que tout effort est d'autant plus grand qu'il est plus inconscient ; mais, l'effort ne se mesurant pas à la conscience, nous pouvons concevoir par abstraction l'un sans l'autre, quoiqu'une telle abstraction ne puisse se réaliser pour nous dans l'expérience. N'est-ce pas là une application légitime d'une méthode familière à M. Stuart Mill, et qu'il appelle la méthode des résidus ? Il n'est donc pas impossible de concevoir par abstraction que, si dans un acte d'effort on supprime tout état de conscience, il peut rester encore quelque chose, qui sera précisément ce que nous appelons la force, et qui se manifeste à nous dans la matière par des actions certaines dont aucune n'implique nécessairement la conscience. C'est dans ce sens qu'un auteur allemand, Schopenhauer, a fait de la volonté la base de l'univers, et, comme il s'exprime, la chose en soi, soutenant à la fois avec les idéalistes que le monde n'est que ma représentation, et avec les réalistes qu'il existe véritablement.

Si d'ailleurs on persistait à soutenir, je ne sais pour quelle raison, que l'on ne peut admettre aucun mode d'existence qui ne serait pas un état de conscience, qui empêche d'admettre dans la matière avec Leibniz un minimum de conscience ? Cette hypothèse n'a absolument rien de contradictoire ni d'impossible, et lorsqu'on y serait réduit, cette nécessité ne pourrait en rien infirmer la série rigoureuse de nos inductions, car ce que nie le sens commun, c'est l'existence d'une conscience expresse dans la matière ; mais une conscience endormie et sourde, quasi-équivalente à l'inconscience absolue, n'est ni affirmée ni niée par le sens commun. On ne serait nullement autorisé, pour échapper à cette conséquence, à se jeter dans une hypothèse bien autrement excessive, à savoir que les corps n'existent qu'au moment où nous les percevons, et qu'ils ne sont que des groupes de possibilités. Je le répète, l'hypothèse de Leibniz sur les perceptions sourdes ne serait qu'un pis-aller, pour le cas seulement où l'on croirait pouvoir affirmer qu'il n'y a pas d'autre mode d'existence que la pensée, ce qui nous paraît un postulat absolument arbitraire.

Dans cette explication de là réalité du monde extérieur, nous avons fait entièrement abstraction de la question de la réalité de l'étendue. Cette question est à elle seule un problème considérable que nous n'avons pas entendu aborder ; mais, de quelque manière qu'on la résolve, la déduction précédente demeure toujours inattaquable. Si l'on admet avec les Écossais et M. Hamilton que l'étendue est l'objet d'une perception directe, c'est qu'elle est objective, et cette opinion vient confirmer a fortiori la thèse de l'existence de la matière. Si l'on admet avec Kant que l'étendue est une forme subjective de l'esprit, la matière considérée comme force capable d'action et de réaction n'en sera pas moins quelque chose de réel et d'indépendant du sujet pensant, lors même qu'elle ne nous apparaîtrait que suivant les lois et les conditions de la sensibilité. Enfin, si l'on admet la théorie originale et tout à fait neuve par laquelle MM. Al. Bain et Mill expliquent l'origine de la notion d'étendue, cette théorie, qui réduit l'étendue à n'être qu'une résultante de la sensation musculaire combinée avec le sentiment de la durée, n'a rien d'incompatible avec l'hypothèse qui suppose à la sensation de résistance un fondement objectif.

On insiste sur le caractère relatif de la perception externe ; mais la perception, pour être relative, n'en a pas moins un objet. Relatif et subjectif ne sont pas deux mots équivalons. Un objet étant donné, je conviens qu'il ne peut être perçu que suivant le mode de ma sensibilité ; il ne s'ensuit nullement qu'il ne soit rien en dehors des modes de la sensibilité. Qui dit rapport suppose deux termes ; si je suis le seul terme de la connaissance, pourquoi dire que ma connaissance est relative? Au contraire, dans ce cas elle est absolue, car il est absolument vrai que j'ai chaud quand j'ai chaud, et que j'ai froid quand j'ai froid. Ma perception ne sera relative que si j'admets qu'un même objet différent de moi est chaud pour ma main gauche et froid pour ma main droite. C'est une erreur de croire que le sujet ne met rien de lui-même dans la connaissance ; c'est une autre erreur de croire qu'il y met tout. « La sensation, a dit Aristote, est l'acte commun du sensible et du sentant. » La sensation est donc une résultante, le point de coïncidence des deux termes, moi et non-moi ; on n'est autorisé par rien à supprimer l'un des deux facteurs.

CHAPITRE III

Examinons en terminant quelques-unes des difficultés traditionnelles que le scepticisme de tous les temps a élevées contre la perception extérieure et contre l'existence des choses corporelles. On a invoqué par exemple les erreurs des sens, les illusions du sommeil et de la folie. Réduisons ces difficultés à leur juste valeur. La difficulté de trouver un critérium qui puisse servir à distinguer nettement la veille du sommeil et le rêve de la perception a préoccupé tous les philosophes, et a souvent servi de prétexte aux objections du scepticisme. Dans le sommeil en effet, nous voyons, nous touchons les objets extérieurs aussi bien que dans la veille ; nous en admettons l'existence avec la même confiance, la même sécurité. Toute la différence est que dans le sommeil nos sensations sont incohérentes, indistinctes, et ne forment jamais une trame serrée et continue, tandis que dans la veille nos idées se lient et se suivent d'une façon ininterrompue et forment un tout régulier. Si un homme, comme le disait Pascal, rêvait la même chose toutes les nuits et reprenait chaque nuit le rêve commencé la veille, rien ne pourrait lui faire reconnaître qu'il dort et distinguer sa vie véritable de sa vie apparente [4]. De ces considérations, on conclut avec Leibniz que tout ce que l'on peut dire de plus certain en faveur de nos perceptions, c'est qu'elles sont des « songes bien liés. »

Nous croyons, pour notre part, que l'on peut dire quelque chose de plus. Toutes les observations qui ont été faites sur les rêves tendent à prouver que les élémens de nos rêves sont toujours empruntés à nos perceptions antérieures. M. Alfred Maury, dans son curieux livre sur le sommeil, en donne d'assez nombreuses preuves, et chacun, dans le cercle de son expérience journalière, a pu cent fois s'en convaincre. Ce qui le prouve certainement, c'est que la nature des rêves est accommodée à l'âge, à l'expérience, au mode d'existence de chacun. L'enfant rêvera de ses jeux, le jeune homme de ses amours, et ce n'est qu'à l'âge mûr que commencent les rêves de la fortune et de l'ambition. Si j'ose invoquer ici mon expérience personnelle, j'ai pu constater que dans ces dernières années il m'est arrivé assez souvent de rêver philosophie. J'entame et je poursuis des discussions avec syllogismes, objections, instances et répliques, et quelquefois au réveil, me rappelant mes argumens, je ne les ai pas trouvés beaucoup plus mauvais que ceux de la veille. Or jamais de tels rêves ne m'ont visité quand j'étais plus jeune : c'est le désagréable regain d'une carrière consacrée tout entière à un même travail, et où la pensée elle-même, comme dirait Pascal, tourne à la machine. Il n'y a donc pas le moindre doute que ce sont les perceptions et les pensées de la veille qui fournissent à l'imagination les matériaux dont elle forme les vagues chimères de la nuit, et l'on peut affirmer que nos rêves ne sont que des souvenirs.

Que peut donc signifier cette pensée, que la veille elle-même n'est qu'un rêve bien lié ? Si nos rêves ne sont déjà que des souvenirs de la veille, faudra-t-il dire que nos perceptions à leur tour sont les souvenirs d'une autre veille ? Reviendrons-nous à la vieille hypothèse platonicienne de la réminiscence pour échapper à l'hypothèse trop vulgaire d'une réalité

PAUL JANET

matérielle ? Mais où placer cette vie antérieure et quelle preuve en donner ? D'ailleurs la question reviendrait encore. D'où seraient venues dans cette vie antérieure les perceptions dont nos perceptions actuelles ne seraient que le reflet affaibli ? Il faudrait bien toujours arriver, comme le dit Leibniz, à une perception primitive : pourquoi ne pas le faire dès à présent ? Si la veille de notre veille n'est pas une vie antérieure, où pourrait-on la supposer ? Il n'y a pas de place, dans notre vie actuelle, entre le sommeil et la veille : il faut que ce soit l'un ou l'autre qui soit la vraie veille ; or ce n'est pas le sommeil, puisque nous avons vu au contraire que nos songes ne sont que les souvenirs de nos perceptions. Ainsi, par rapport au moins au sommeil, notre vie actuelle est une veille véritable, et nous n'en pouvons supposer nulle part ailleurs une autre dont elle ne serait que l'ombre. D'ailleurs l'expérience ne nous montre-t-elle pas que chacune de nos perceptions nous est nouvelle chaque fois qu'elle nous apparaît pour la première fois. C'était en parlant non de la sensation, mais des idées pures, que Socrate et Platon disaient que notre science n'est que réminiscence. Nos perceptions sont donc des acquisitions premières, des faits primordiaux qui ne supposent rien avant eux que la cause qui les détermine. Si ce sont des rêves, ce sont des rêves spontanés, des rêves qui n'ont pas été précédés de veille ; en d'autres termes, ce ne sont pas des rêves.

La perception est l'état primitif, le rêve est l'état dérivé. Il est contre toute méthode d'expliquer le primitif par le dérivé. Au contraire c'est ici le primitif qui explique le dérivé. Ce n'est pas l'écho qui explique le son ; c'est le son qui explique l'écho. La sensation implique, comme on sait, trois choses, une action de l'objet extérieur sur les organes des sens, une modification de ces organes transmise par les nerfs jusqu'au cerveau, un ébranlement ou modification du cerveau lui-même. C'est à ce troisième phénomène qu'est attachée la perception. Le mouvement part de la périphérie pour pénétrer jusqu'au centre, et l'on ne comprendrait pas qu'il partît primitivement du centre pour aller à la périphérie, c'est-à-dire que l'imagination enfantât spontanément des images dont elle n'aurait trouvé nulle part le type, et qu'elle objectiverait sans raison. Si au contraire on suppose ces images déposées dans l'esprit par une cause externe et liées à telle modification cérébrale, on comprend que, cette modification venant à se reproduire par une cause quelconque, le phénomène perceptif se reproduise également, et que cette perception interne, ne pouvant être confrontée avec l'extérieur par suite de l'occlusion des sens et de l'engourdissement de l'attention endormie, porte avec elle sa propre affirmation et par conséquent l'illusion de l'extériorité. Ainsi l'on s'explique la possibilité du rêve en prenant pour point de départ la réalité de la perception ; mais l'on ne s'expliquerait pas l'illusion primitive de la perception, et cette illusion même, en la supposant telle, n'aurait aucune analogie avec celle du rêve.

26

La même observation se présente pour le genre d'aliénation mentale qu'on appelle hallucination. L'hallucination, comme chacun sait, est le rêve de l'homme éveillé. C'est non plus dans le sommeil, mais dans la veille même que nous voyons, que nous croyons voir des objets qui n'existent pas, entendre des voix qui partent de notre propre cerveau : c'est une irritation cérébrale qui d'abord est reconnue par le malade lui-même comme une illusion dont il n'est pas dupe, et qui bientôt, s'emparant de son imagination, annulant sa volonté et sa puissance d'attention, ne lui permet plus de se détacher de cet objet chimérique, et lui attribue une réalité externe. On demande comment distinguer la vraie perception de la fausse, et pourquoi celle-là aussi bien que celle-ci ne serait pas une hallucination. Selon nous, il en est de l'hallucination comme du rêve. Elle n'est jamais un phénomène spontané, elle n'est qu'une répercussion d'une ou de plusieurs perceptions primitives élaborées par l'organe central, suivant des lois que nous ignorons. Jamais un aveugle-né n'a eu d'hallucination de la vue ; jamais un sourd-muet de naissance n'a eu d'hallucination de l'ouïe. Si l'hallucination était un phénomène primordial non dépendant d'une perception antérieure, il pourrait arriver qu'un aveugle-né vît des couleurs, et qu'à l'état lucide il s'en souvînt et pût ainsi parler pertinemment de ce qu'il n'aurait jamais perçu. De même un sourd-muet pourrait, en rêve ou dans un accès d'hallucination, entendre des sons et apprendre à les reproduire ; mais jamais rien de semblable ne s'est présenté [5].

Il n'est pas toujours facile de retrouver la trace des conceptions délirantes dans un état lucide antérieur, et on est quelquefois tenté de croire à une sorte d'illumination spontanée, comme dans ces cas d'extase assez fréquens où l'on a vu des ignorans parler des langues qu'ils n'avaient jamais apprises. Pourtant, dans un cas curieux cité par Hamilton d'après Coleridge, on a pu suivre fidèlement la trace d'un miracle de ce genre, et l'on est arrivé à se convaincre que l'inspiration prétendue, souvent attribuée au démon, n'était qu'un souvenir inconscient. Une servante d'Allemagne devenue folle mêlait dans son délire des lambeaux de latin, de grec et même d'hébreu ; cependant c'était une fille absolument ignorante qui ne savait pas même lire dans sa langue maternelle. Ces lambeaux, cousus bout à bout, ne formaient ensemble aucun sens ; mais chacun séparément en avait un, et paraissait extrait de quelque phrase régulièrement construite. Or on s'assura qu'elle avait servi chez un vieux pasteur qui avait l'habitude de lire tout haut ses vieux auteurs en se promenant de long en large dans un corridor voisin de la cuisine de cette fille, et, en consultant les livres de sa bibliothèque, on put facilement retrouver soulignés la plupart des fragmens que la folle répétait sans cesse au hasard, et qu'elle avait appris sans s'en douter. Ce curieux phénomène, appelé par les médecins hypermnésie [6], dont il y a d'assez nombreux exemples, mais rarement aussi nets et aussi bien constatés que le précédent, prouve bien que le délire, dont l'hallucination n'est qu'un cas particulier, n'est jamais qu'un désordre de mémoire, et non un égarement spontané. Ce qui le prouve encore, c'est que les hommes naissent idiots, mais qu'ils ne naissent pas fous. L'hallucination n'étant qu'une perversion de la perception, celle-ci ne peut être appelée hallucination, car de quelle autre perception pourrait-elle être considérée comme la perversion et le dérèglement ? On voit que le critérium si souvent demandé entre, le rêve et la perception (que le rêve ait lieu dans le sommeil ou dans la veille), c'est que le rêve est un souvenir dont la perception seule fournit les élémens. Ce serait donc très improprement que l'on appellerait la perception un rêve, puisqu'il est impossible d'imaginer un état dont elle serait elle-même la répercussion et le souvenir.

Terminons par quelques considérations sur les erreurs des sens, question trop vaste pour être embrassée ici dans son entier, mais que nous toucherons par le point qui nous intéresse en ce moment. « Les sens, a dit Descartes, nous trompent quelquefois ; ils peuvent donc nous tromper toujours. » Voilà une condamnation bien sommaire, et il n'y aurait guère de témoin parmi les hommes dont on ne pourrait, à ce titre, récuser l'autorité. D'ailleurs il n'est plus guère permis aujourd'hui de parler des erreurs des sens en philosophie. On a surabondamment démontré que nos sens ne nous trompent jamais, que c'est nous qui nous trompons en interprétant mal les données qu'ils fournissent. On remarquera en outre que la cause des prétendues erreurs des sens est toujours une circonstance objective dont nous ne tenons pas compte dans notre jugement : pour qu'un objet nous apparaisse autre qu'il a paru jusqu'alors, il faut toujours qu'il y ait quelque changement, soit dans l'objet lui-même, soit dans le milieu, soit dans l'organe. Autrement un même objet perçu dans les mêmes conditions d'organe et de milieu nous donnera toujours les mêmes sensations. Les erreurs des sens par conséquent, bien loin de déposer contre l'objectivité des choses externes, ne peuvent au contraire s'expliquer que par là. Le soleil, dites-vous, paraît sur l'horizon, et cependant, il n'y est pas. Non, mais il est au-dessous. Voici un lac dans un désert aride où il n'y a jamais eu d'eau ; soit, cette eau n'est pas là, mais elle est ailleurs. Cette lumière paraît brisée, cependant l'objet est droit ; comment en serait-il autrement, si les lois de la lumière veulent qu'elle se brise en passant d'un milieu dans un autre ? Ces objets, à cette distance, paraissent plus petits qu'ils ne sont : c'est ce qui est inévitable, la grandeur visible de l'objet se mesurant par la grandeur de l'angle que font les rayons lumineux qui partent de lui. Sans doute, le véritable univers, celui que la science nous explique et nous démontre, n'est pas celui que nos sens nous font connaître. Le ciel tel que nous le voyons n'est pas le même que le ciel astronomique. Dans l'un, les astres sont des corps immenses, dans. l'autre des points lumineux ; dans l'un, tout le globe céleste roule autour de nous ; dans l'autre, c'est notre globe qui gravite autour de l'un d'eux. Il y a des mouvemens apparens et des mouvemens réels, et ces mouvemens apparens sont dans des rapports précis et déterminés avec les mouvemens réels ; on conclut des premiers aux seconds, et les seconds expliquent les premiers. Ce ciel astronomique lui-même, dira-t-on, n'est-il pas un ciel apparent, qui nous prouve qu'il n'est pas à un autre ciel ce que le ciel apparent lui est à lui-même, non pas une image, mais un symbole, et en quelque sorte une irradiation. Allons, si vous voulez, de ciel en ciel ; en définitive, il faudra toujours arriver à un ciel quelconque par lequel celui qui brille à nos yeux puisse s'expliquer. Sans réalité, point d'apparence, et cette apparence elle-même est la réalité en tant qu'elle se rattache à celle-ci par des liens précis que la science découvre et qu'elle peut calculer.

Par analogie, nous dirons : Le monde phénoménal et sensible qui est dans ma conscience n'est pas sans doute le monde objectif, le monde en soi ; mais il lui correspond avec une précision rigoureuse, sans lui ressembler. Rien ne se produit en moi qui n'ait, je ne dirai pas son modèle, mais son corrélatif dans le monde réel, et lors même qu'on accorderait que ce monde réel dans son essence m'est et me sera éternellement inaccessible, encore pourrais-je dire que je le connais en un sens, puisque je puis affirmer qu'il n'est aucune de mes sensations qui n'ait son fondement en lui, et que tous les rapports qui existent entre les phénomènes de ma conscience correspondent à des rapports déterminés dans le monde des choses en soi. On peut même donner quelque idée de ce genre de symbolisme ou de traduction qui nous permet de passer de la connaissance subjective à la connaissance objective, et du moi au non-moi. Nul doute aujourd'hui que la différence des couleurs ne soit toute subjective, et cette différence est une différence de qualité. Cependant les couleurs ont une cause objective dans la réfrangibilité des rayons lumineux, et chaque couleur a sa raison dans les degrés différens de cette réfrangibilité. Or cette différence est une différence de quantité. Voilà donc un cas où une différence subjective de qualité correspond à une différence objective de quantité. Rien ne se ressemble moins que la qualité et la quantité, et elles n'ont pas de mesure commune. Cependant l'une est le symbole de l'autre, et elles se correspondent si exactement que nous pouvons a priori et par le seul calcul prédire les apparences lumineuses et colorées que présentera tel objet dans telles conditions données. — Ainsi un état tout subjectif de conscience pourra être déterminé en partant des lois objectives de la lumière, tant les anciens pyrrhoniens se trompaient en considérant comme purement capricieux et arbitraires les phénomènes de notre esprit, en n'y voyant qu'une vaine fantasmagorie. Encore la fantasmagorie elle-même, regardée comme le type du prodige et de l'illusion, n'est qu'une illusion relative où tout est rigoureusement déterminé d'après les lois les plus sévères et les plus précises.

Si l'on a bien compris le sens de ce travail, on verra que notre effort a été de montrer que la philosophie n'est pas réduite, pour affirmer la réalité des corps, à un vague appel au sens commun, à la croyance universelle des hommes, à une évidence instinctive, laquelle ne démontre rien en réalité. Cette croyance est une véritable induction, une induction aussi solide et aussi certaine qu'aucune autre. Les lois de l'association des idées, sur lesquelles seules M. Stuart Mill permet que l'on se fonde, ne nous permettent pas de conclure sur ce point autrement que le sens commun. Or, sans prendre le sens commun pour une autorité suprême en philosophie, on accordera au moins que l'on n'est pas tenu de se mettre en contradiction avec lui. Ce serait retourner d'une manière étrange le critérium des Écossais que de ne reconnaître la vérité d'une doctrine qu'à cette condition, qu'elle contredise la croyance générale des hommes. Il ne manque pas d'esprits raffinés qui seraient assez disposés aujourd'hui à adopter cette manière commode de philosopher. Nous ne faisons pas un tel reproche à M. Mil, car personne n'a plus à cœur que lui, tout en soutenant des opinions subtiles, de se mettre d'accord avec le bon sens ; mais cette sagesse dans l'indépendance n'est pas à la portée de tout le monde, et il est plus facile de le prendre de haut avec le sens commun que de raisonner avec précision et justesse. Nous sommes des premiers à reconnaître qu'un continuel appel à la croyance finit par amortir et énerver la science : tel a été le tort des Écossais aussi bien que des philosophes français qui ont suivi leurs traces ; mais on peut adopter une méthode plus rigoureuse sans renoncer à leurs conclusions.

Quelques personnes demanderont s'il est bien nécessaire aujourd'hui d'argumenter pour prouver l'existence des corps, et si c'est bien de ce côté-là que le scepticisme est à craindre. Nous pourrions répondre avec Royer-Collard qu'on ne fait point au scepticisme sa part, et que lorsqu'il a commencé d'occuper une partie de l'âme humaine, il l'a bien vite envahie tout entière. Si la liberté de la science et de la pensée est un bien, si l'on se doit à soi-même, comme philosophe, de n'obéir qu'à l'évidence, il faut cependant ne pas se faire trop d'illusion sur les dangers d'un esprit critique qui chaque jour déborde de plus en plus, et qui, commençant par les problèmes spéculatifs, finit par gagner peu à peu les principes de la pratique et les sources de la vie morale. Toutefois il n'est pas nécessaire de soulever de telles inquiétudes et de telles craintes au sujet d'un problème tout abstrait. Nous l'avons choisi à cause de cette abstraction même, comme l'un de ceux qu'il est le plus permis et le plus facile de discuter avec désintéressement. Au milieu même des problèmes redoutables qui de toutes parts se réveillent et s'accumulent, problèmes religieux, moraux, sociaux, politiques, il nous a semblé agréable d'attirer et de reposer un instant les esprits sur l'une de ces questions libres et paisibles où l'on peut disputer sans se haïr, et différer d'opinion sans appeler les uns sur les autres le mépris et l'anathème.

PAUL JANET.

NOTES

[1] Le rôle fondamental de l'association des idées dans la nouvelle école psychologique anglaise a été mis en lumière dans un excellent travail de M. Mervoyer (l'Association des Idées ; 1863). M. Mill déclare que c'est le meilleur écrit qui ait été fait en France sur les idées de son école.

[2] Nous devons ajouter ici que le Système de Logique, ouvrage plus important encore que la Critique d'Hamilton, a été traduit en français dans ces dernières années par M. Louis Poisse, le traducteur des Fragmens d'Hamilton. On se souvient encore que la préface mise par ce pénétrant esprit à sa traduction en 1840 a été alors un des morceaux les plus remarqués en philosophie. Il est bien à regretter qu'il n'ait pas donné également une préface à la Logique de Mill.

[3] Ces signes peuvent être feints sans effort réel, comme il arrive parfois avec les ennuis, ou comme font les comédiens ; mais il en est de même des paroles, qui peuvent servir à ne pas exprimer la pensée. On n'en conclut rien contre l'intelligence des autres hommes.

[4] M. Brière de Boismont, dans son livre sur les Hallucinations, rapporte un cas curieux qui semble la réalisation de l'hypothèse de Pascal. Le sujet de cette observation en est devenu fou.

[5] On conçoit que, même chez l'aveugle-né ou le sourd-muet de naissance, il puisse se présenter des phénomènes de lumière ou de sons purement subjectifs, par exemple des phosphèmes lumineux ou des bourdonnemens nerveux ; mais ces phénomènes n'ont aucun rapport avec les phénomènes de la perception extérieure : eux-mêmes d'ailleurs témoignent d'une certaine extériorité, à savoir l'extériorité de l'organe ;

[6] Surexcitation de la mémoire.